Merci à Antoine Devulder pour sa lecture
attentive de notre manuscrit,
à Juliette Cerf pour son aide précieuse
et ses conseils avisés,
à Michèle Robelin et à Benjamin Jungman
pour leurs commentaires stimulants.

Chouette penser!

Directrice de collection :
Myriam Revault d'Allonnes

Gallimard Jeunesse/Giboulées
sous la direction de Colline Faure-Poirée

Édition : Annie Trassaert
Conception graphique & direction artistique :
Néjib Belhadj Kacem

Cécile Robelin • Jean Robelin

Dessins de Lionel Koechlin

QU'EST-CE QU'UN HOMME ?

DIALOGUE DE LÉO, CHIEN SAGACE, ET DE SON PHILOSOPHE

GiBOULÉES
GALLIMARD JEUNESSE

Sommaire

Chapitre I

Comment le chien Léo s'introduit chez le philosophe, comment il y est reçu, et où le chien se demande si les hommes sont faits pour vivre en société

Voici l'histoire d'un philosophe qui devait écrire un livre sur la différence entre les hommes et les animaux et qui n'y arrivait pas. Il arpentait chaque jour son bureau aux murs tapissés de bibliothèques, déplaçait les livres, les consultait soigneusement. Puis il les refermait brusquement — pouf! de petits nuages de poussière s'échappaient des volumes — et il courait à sa table de travail pour jeter quantité de notes sur son grand calepin. Mais il avait beau tourner et retourner les idées dans sa tête, rien n'y faisait. Son ouvrage n'avançait pas.

Un matin, le philosophe, excédé, s'exclama à voix haute : « J'aimerais bien savoir ce que dirait un chien, un chat ou un éléphant s'il devait expliquer pourquoi les hommes sont si supérieurs aux animaux. »

Au moment même où il prononçait ces mots, on gratta à la porte. Sur le seuil se tenait un grand chien roux au large museau, le poil rêche, les oreilles dressées, qui lui dit :

« Offre-moi l'hospitalité, monsieur le prétentieux, et je t'expliquerai pourquoi les animaux sont si supérieurs aux hommes. »

D'un coup de museau, il écarta le

philosophe, entra dans la maison, se dirigea tout droit vers le divan du bureau et s'y installa.

« Voilà des jours que je t'écoute ronchonner tout seul, reprit le chien. Tu prétends te poser de grandes questions sur l'homme, mais tu ne sais même pas regarder les animaux. D'ailleurs, les poules fuient sur ton passage et les chats

te soufflent dessus. Tu as besoin d'une leçon : c'est Léo le chien qui vient te la donner.

— Un chien qui parle ! s'écria le philosophe, interloqué.

— Avant, j'étais un chien tout ce qu'il y a de plus ordinaire. Je volais les os dans les poubelles, dorais mon ventre au soleil et couchais à la belle étoile. Et un matin, au lieu d'accueillir le jour en aboyant, j'ai dit : "Encore une belle journée en perspective." »

Le philosophe se frotta les yeux ;

éberlué, il dévisagea l'animal qui discourait. Reprenant ses esprits, il remarqua la porte restée grande ouverte, les traces de boue laissées par les pattes du chien et l'animal vautré sur les coussins :

« Quel bazar ! s'exclama-t-il. Descends de là, sale bête, tu mets des poils partout !

— Doucement, monsieur le raisonneur. Si j'en crois les humains, on est homme parce qu'on parle. Je parle, donc je suis comme un homme. Et puisque je suis un de tes semblables, tu me dois un peu plus d'égards.

— Tu restes un chien avec tes pattes sales, ton museau plein de bave. Tu ne te tiens pas bien, tu ne connais pas la politesse. Un chien doit obéir à son maître. »

Le philosophe s'approcha alors de Léo et tenta de l'attraper par la peau du cou pour le faire descendre du sofa. Mais le chien détourna la tête, ouvrit la gueule, bâilla profondément. À la vue de ses canines acérées, le philosophe recula.

« Je n'ai pas de maître à qui obéir, moi, reprit l'animal en s'étirant. Personne n'a jamais mis une laisse à mon cou, je vais où bon me semble. Je décide donc de rester sur ce canapé, ma foi très confortable.

— Ainsi tu es un chien errant ! Tu vois bien que tu n'es pas comme un homme ! car les hommes sont ceux qui vivent ensemble en société, rétorqua le philosophe.

— L'homme fait pour vivre en société ? C'est un comble ! dit le chien en secouant sa grosse tête. Vous avez peur les uns des autres ! Ne mettez-vous pas un chien devant votre porte pour la garder ? Est-ce que les chiens ferment à double tour leur niche quand ils partent en promenade ?

— On ne peut rien leur voler, objecta le philosophe, qui, dans le feu de la discussion, en oubliait presque qu'il débattait avec un animal.

— Et pourquoi as-tu peur, toi, d'être volé ? répliqua Léo. Si l'homme est un animal sociable, il ne volera pas les autres. Pourtant, vous mettez tous des barrières autour de vos maisons. Regarde-toi. Tu es jaloux parce que ton voisin a une plus belle demeure, un plus grand terrain, une voiture plus puissante que toi. Et si tu étais sûr de ne pas être puni, tu lui couperais la gorge pour lui dérober son bien... »

Le philosophe arpentait la pièce, mécontent d'être contredit. Il fit tout à coup volte-face et, se trouvant nez à museau avec Léo, il répliqua :

« Mais toi-même, tu sais aussi être méchant, tu mords bien, il me semble.

— Un chien mord pour défendre

son os, il se sert des crocs que lui a donnés la nature, alors que vous, les hommes, vous inventez toujours de nouveaux moyens pour vous entretuer, vous élaborez des stratégies et faites des guerres toujours plus meurtrières. »

Léo se gratta pensivement l'oreille à l'aide de sa patte arrière :

« Allume ton poste de télévision, continua-t-il. Que vois-tu ? Des hommes armés qui massacrent d'autres hommes armés, voire des hommes sans arme. As-tu déjà vu une armée de labradors attaquer une armée de caniches ou un groupe de saint-bernard massacrer le peuple entier des teckels ? Vous autres hommes êtes hargneux, querelleurs et violents. Tu veux que je te dise, la société des hommes, c'est la guerre de tous contre chacun...

CELUI QUI EST INCAPABLE D'ÊTRE MEMBRE D'UNE **COMMUNAUTÉ** OU QUI N'EN A PAS BESOIN PARCE QU'IL SE SUFFIT À **LUI-MÊME**, N'APPARTIENT PAS À LA COMMUNAUTÉ POLITIQUE, SI BIEN QUE C'EST SOIT UNE **BÊTE**, SOIT UN **DIEU**.

Aristote

— Merci du compliment ! grogna le philosophe*.

*Voir textes 1, p. 93-95.

— ... Tandis que nous les chiens, nous sommes de bons compagnons pour les hommes. Qui guide les aveugles ? Qui va chercher les skieurs enfouis dans la neige ou les blessés sous les décombres, lors des tremblements de terre ? Qui est le dernier ami du sans-abri que tout le monde rejette ? La conclusion s'impose. Le chien est

ARISTOTE (384-322 av. J.-C.) : philosophe grec.

l'animal fait pour vivre en société. »

Le philosophe, agacé, s'avança vers Léo et, brandissant ses lunettes :

« Tu me fais perdre mon temps en vaines querelles. J'écris des livres sérieux, vois-tu. Et c'est moi qui suis professeur de philosophie. Je suis d'ailleurs bien sot d'écouter un grand chien roux tout pelé. »

Pendant que le philosophe tenait ces propos, Léo était descendu du canapé et sans mot dire s'était dirigé vers la porte. Il la poussa, puis sortit en la laissant ouverte derrière lui.

« Bon débarras ! » s'exclama le philosophe, qui alla fermer à double tour. Il se dirigea ensuite vers son bureau et s'y installa.

« Allons, au travail ! » dit-il en saisissant sa plume.

Chapitre II

Où le philosophe fait amende honorable et redécouvre l'hospitalité

Plus les jours passaient et plus le philosophe se demandait s'il avait été victime d'une hallucination.

« Un chien qui parle ! Ça n'existe pas, voyons ! » grommelait-il. Et il se replongeait dans ses pensées philosophiques.

De nouveau, il mettait sa bibliothèque sens dessus dessous. Sur son cahier, où figurait en capitales la question suivante : « QU'EST-CE QU'UN HOMME ? », il prenait notes sur notes de sa petite écriture illisible. Mais en vain. Il n'avançait pas dans son grand projet.

Une semaine passa et il prit l'habitude de laisser sa porte entrouverte... au cas où. De sa fenêtre, à l'abri derrière les rideaux, il regardait les va-et-vient du chien, qui vaquait à ses occupations. Puis il revenait à ses livres en haussant les épaules.

Le matin du dixième jour, il sortit sur le pas de sa porte à l'heure où Léo venait à passer. Lorsque celui-ci se trouva à sa hauteur, le philosophe dit d'un air nonchalant :

« Belle journée ! »

Mais le chien passa son chemin sans daigner lui adresser un regard. Le philosophe rentra, il

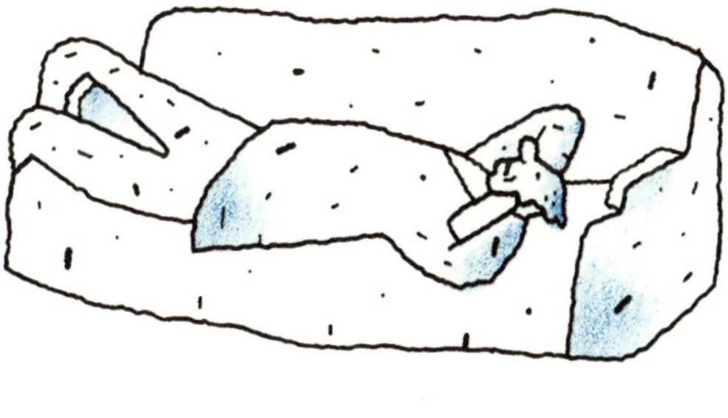

s'allongea sur son canapé et, se prenant la tête à deux mains, grommela : « Je suis vraiment épuisé, voilà que je me mets à parler aux chiens... »

Le jour suivant, le philosophe revint néanmoins se poster sur le seuil de sa maison et guetta Léo. Lorsque ce dernier approcha, l'homme émit de petits bruits amicaux :

« Psitt, psitt ! C'est un bon chien ça, il veut un os le bon toutou ? »

Léo continua à trotter et laissa tomber :

« Quel sot, ce philosophe ! »

Honteux, l'autre rentra chez lui.

Il laissa s'écouler deux jours avant de ressortir. Et lorsque survint le chien, il murmura :

« Je m'excuse, Léo.

— J'espère que tu as avancé dans

ton grand ouvrage de philosophe sérieux, dit le chien, qui s'apprêtait à poursuivre sa route.

— Je dois bien l'admettre, je piétine, répondit l'homme, la tête basse. Je pense souvent à tes objections, et il me semble qu'elles m'étaient quelque peu utiles. S'il te plaît, reprenons notre discussion.

— Tu as donc besoin de moi, fit remarquer le chien d'un air amusé.

— Oui », avoua le philosophe.

Léo entra dans la pièce et s'assit devant la cheminée.

« Viens donc plutôt sur le canapé, tu y seras bien mieux, proposa l'homme. Veux-tu boire quelque chose ? Puis-je te proposer un biscuit ? »

Chapitre III

Où l'on se demande pourquoi les hommes vivent ensemble

Le chien, installé sur le canapé, croquait un gâteau :

« Je te reconnais bien là, dit-il enfin. Tu essayes de me montrer que les hommes sont des animaux faits pour vivre en société. Le philosophe sait recevoir ! Il offre le gîte et le couvert.

— Certes, reprit le philosophe. J'ai besoin de la compagnie de... mes semblables. Permets-moi de te faire remarquer que toi, au contraire, tu vis tout seul.

— Pas du tout ! De temps en temps, je joue avec le chien de la ferme des Rondots. Au printemps,

je vais voir la belle Yellow, la labrador jaune de l'auberge… Quand les chiens se croisent, ils se reniflent et se reconnaissent à l'odeur. Nous passons notre chemin, mais nous nous sommes rencontrés.

— Les hommes, quant à eux, vivent continuellement ensemble, reprit le philosophe. Ils sont en relation les uns avec les autres.

— Mais pourquoi vivez-vous tout

le temps ensemble puisque vous ne pouvez pas vous supporter ? » demanda Léo, sceptique.

Le philosophe s'était rapproché. Il s'assit sur le bord du canapé et réfléchit à la question du chien, qui ne manquait pas de pertinence.

« Les hommes ont besoin les uns des autres, reprit-il enfin. Vivre en société, ce n'est pas seulement vivre ensemble. C'est travailler ensemble. L'agriculteur cultive la terre et fournit en blé le boulanger. Le boulanger pétrit le pain que je mange. Et moi, je fais des cours de philosophie aux enfants de l'agriculteur et du boulanger. Les hommes vivent en groupe et, dans le groupe, ils se divisent le travail.

— Ainsi, repartit le chien, le renard, qui chasse seul le lapin, et le lapin, qui creuse seul son terrier,

Division du travail
Les hommes, parce qu'ils vivent en société, se répartissent les travaux à accomplir. Tel est boucher, un autre maçon, un troisième médecin... On dit qu'ils se divisent le travail.

ne travaillent pas ? Mais alors, le peintre solitaire qui met les couleurs sur sa toile ou le philosophe qui écrit dans son coin le gros livre que personne ne lira ne travaillent pas non plus ! Et lorsque tu es seul, privé de ma compagnie, on pourrait dire que tu te tournes les pouces.

— Même si je m'enferme dans mon bureau pour écrire, je ne suis pas tout seul. Pour composer mon livre, il a fallu que je lise bien d'autres philosophes, que j'observe ceux qui m'entourent. Je travaille grâce aux autres. De plus, je n'écris pas pour moi. Je souhaite qu'on me lise, qu'on me questionne sur mon texte et qu'on y réponde. Je travaille pour les autres », affirma le philosophe avec beaucoup de conviction.

JE TRAVAILLE
POUR LES AUTRES !

Résumons :

Chapitre IV

Où le chien et l'homme débattent pour savoir si les animaux ne travaillent pas, eux aussi

Le chien sauta du sofa et tendit ses pattes devant lui pour les dégourdir, il se rapprocha de la cheminée et s'allongea devant le feu, le museau entre les pattes. Tout en chauffant son pelage, il tournait dans sa tête les idées qu'ils venaient d'échanger. Puis il reprit la parole :

« Résumons : les hommes sont donc faits pour vivre en société, car c'est en mettant leur travail en commun qu'ils arrivent à satisfaire tous leurs besoins. »

Il marqua une pause et ajouta :

« En somme, vous êtes comme ces petites fourmis qui du matin au soir apportent sur leur dos les provisions à la fourmilière. Elles sont associées.

— Travailler ce n'est pas seulement accomplir une tâche, répondit le philosophe. Tous les jours les fourmis font la même chose et de la même manière. C'est leur instinct qui les pousse à charrier sur leur dos leur nourriture. Elles ne peuvent pas faire autrement.

— Mais vous aussi, vous êtes contraints de travailler. Si tu n'allais pas faire tes cours, tu ne gagnerais pas d'argent et tu n'aurais pas de quoi manger, répliqua le chien.

— Il est vrai que pour gagner notre vie, nous devons exercer un

Instinct
C'est ce qui pousse les animaux à se conduire ou à agir d'une certaine façon sans qu'ils aient besoin de réfléchir : fuir devant un danger est un instinct qui pousse la bête à préserver sa vie. Il est difficile de distinguer ce qui relève de l'instinct chez l'homme.

métier. Pourtant, nous pouvons travailler de manière différente. Ainsi, deux boulangers ne font pas le même pain. Nous pouvons aussi changer notre façon de travailler : je ne fais pas les mêmes cours que lorsque j'étais jeune professeur.

— Moi, lorsque je chasse, je me fie à mon flair infaillible, à mes pattes puissantes. Pourquoi changerais-je ma façon de faire ? Je repère à tout coup le gibier ! » dit le chien en levant fièrement la truffe.

Le philosophe sourit et concéda :

« Peut-être que nous les hommes, nous avons perdu notre flair. Alors pour mieux chasser, nous mettons en commun nos aptitudes et chacun choisit son rôle en fonction des autres. Les plus rapides à la course

LE MALADROIT PARVIENT TOUJOURS À UN RÉSULTAT DIFFÉRENT DE CE QU'IL ATTENDAIT, CAR IL N'EST PAS MAÎTRE DE SA PROPRE ACTIVITÉ. L'ARTISAN EXPÉRIMENTÉ PEUT AU CONTRAIRE ÊTRE APPELÉ HABILE, LORSQU'IL PRODUIT LA CHOSE TELLE QU'ELLE DOIT ÊTRE, LORSQU'IL NE RENCONTRE PAS D'OBSTACLE À LA RÉALISATION DE SON BUT DANS SON ACTIVITÉ...

Hegel

débusquent le gibier, les autres attendent au coin du bois*.

*Voir texte 2, p. 96-97.

— Crois-tu vraiment que les hommes choisissent leur métier ? En tout cas chacun fait ce qu'il a à faire une fois les rôles distribués. Chacun a une place et y reste, comme chez les animaux », trancha Léo.

Le philosophe se leva. Il avait affaire à forte partie avec le grand chien roux ! Mais il était content de cette joute amicale et fructueuse. Pour secouer ses idées, il se mit à marcher de long en large dans la pièce tout en parlant :

Georg Wilhelm Friedrich HEGEL (1770-1831) : philosophe allemand.

« Non, je ne suis pas d'accord avec toi. Les hommes n'ont pas une place toute faite, sans cesse ils doivent travailler à la définir. C'est un apprentissage permanent, ils évoluent. Ainsi, le boulanger apprend à faire le pain, et plus il s'exerce, plus son pain devient savoureux. Et si le philosophe ne met plus la main à la pâte, s'il ne prépare plus ses cours, il finit par en faire de mauvais. Il oublie comment il faut faire, il perd la main. La fourmi, elle, n'a pas besoin de s'exercer pour charrier sa nourriture*.

*Voir texte 3, p. 98-99.

— Si je te suis bien, tu dis que, si tu ne te creuses pas tout le temps la tête, si tu ne te donnes pas de mal, tu deviendras un mauvais philosophe. Alors qu'il n'y a pas de mauvaise fourmi qui ne sache plus faire sa tâche ; et moi, sauf si je tombe malade, je saurai toujours chasser, affirma le chien.

— Les fourmis n'accomplissent qu'une seule tâche, alors que nous autres hommes, nous pouvons nous former à plusieurs activités, fit remarquer le philosophe.

— Les chiens peuvent aussi faire plusieurs choses : chasser, trouver la trace des gens disparus, reconnaître leurs congénères en les reniflant.»

Le philosophe prit un petit air condescendant :

« Les chiens sont plus intelligents que les fourmis...

— Merci...

— ... C'est pour cela que les hommes peuvent les dresser à plusieurs choses...

— Et si les hommes savent pratiquer plusieurs activités, c'est donc qu'on les dresse eux-mêmes à les faire ! » répondit Léo qui suivait du regard les déplacements du philosophe dans la pièce.

Le philosophe interrompit sa marche. Il s'assit, se rencogna au fond de son fauteuil. Puis il croisa les mains sur ses genoux, prit une profonde inspiration et dit d'un air important :

« Le travail éduque l'homme, il ne le dresse pas ! En travaillant, nous développons notre esprit, nos aptitudes. C'est le travail qui nous permet de nous réaliser. À travers lui, vois-tu, les hommes font des progrès et se transforment. C'est pourquoi ils y trouvent non seulement la satisfaction de leurs besoins mais aussi le bonheur. »

Le chien s'était dressé sur ses grandes pattes ; d'un bond, il sauta sur le canapé, se glissa tout près du philosophe et, le regardant droit dans les yeux :

« Dis donc, l'homme, tu ne te paierais pas un peu mon museau, par hasard ?

— Mais... comment ? pardon... dans quelle mesure ? » se mit à bafouiller le philosophe, qui rajusta ses lunettes pour se donner une contenance.

— « Tu ne me feras pas croire que c'est de bon cœur que tu te lèves de si bon matin pour aller au lycée ! Es-tu sûr de trouver satisfaction et bonheur quand tu pars dans le froid faire tes cours, quand tu t'escrimes à faire comprendre des idées très compliquées à des élèves qui ne t'écoutent que d'une oreille ? Tu voudrais me faire croire que les hommes vivent pour travailler : moi, je dis qu'ils travaillent pour vivre, et qu'ils sont bien plus heureux quand ils cessent le travail pour faire ce qui leur plaît. Le bonheur, c'est la paresse, pour les hommes comme pour les chiens !

— Le loisir, je te l'accorde, peut apporter à l'homme de grandes joies, mais enfin, la paresse... » grommela le philosophe.

Léo sauta du canapé et, se dirigeant vers la porte d'entrée, il ajouta :

« Ça suffit pour aujourd'hui. Il est temps pour moi de retourner à d'autres activités. Tourne un peu dans ta tête les idées que nous avons échangées, chauffe-toi au feu de l'âtre, prends du repos. Je reviendrai pour t'éclairer sur ce qui est vraiment important pour celui qui sait arrêter de travailler.

— Que me réserves-tu de si particulier ? demanda le philosophe, toujours assis.

— Tu verras bien », dit Léo en sortant.

Après le départ du chien, l'homme tendit ses jambes vers le bon feu qui crépitait. Puis il se déchaussa et approcha ses pieds nus de la flamme. Il soupira.

Chapitre V

Où l'on se demande si le travail rend l'homme heureux

Le lendemain, le philosophe avait disposé sur la table basse des biscuits et un grand bol d'eau pour Léo. Il avait consigné dans son calepin les réflexions de la veille, avait noté quantité d'arguments qu'il pourrait opposer au chien roux. Il l'attendait de pied ferme. Sur le coup de 10 heures, Léo s'assit devant la porte grande ouverte. Le maître des lieux l'invita courtoisement à le rejoindre sur le canapé.

« Non, non, dit l'animal, viens plutôt dehors. Tu t'enfermes toujours chez toi, triste comme les vers qui dévorent tes bouquins. Viens, je vais t'apprendre une chose que tu ne connais pas : prendre le temps. »

En maugréant, le philosophe saisit sa veste et rejoignit le chien, qui déjà trottait sur le chemin.

« Regarde-toi ! s'exclama le chien en se retournant. Tu marches tout droit sur la route, suis-moi plutôt, file de çà de là, laisse-toi porter par le vent. Je vais te faire sentir à nouveau les bonnes odeurs de fleurs sur les talus, je te montrerai les animaux de la forêt. Écoute un peu tes pas craquer sur le chemin... »

Léo filait bon train ; le philosophe avait du mal à le suivre, il était un peu essoufflé. Ils arrivèrent à un grand pré empli de campanules et le chien se roula dans l'herbe. Son compagnon restait debout à le regarder.

« Pose-toi là, dans la bonne herbe grasse », lui dit Léo.

Tous deux, allongés face au ciel, se mirent à s'entretenir librement. Le temps passait et Léo fit remarquer :

« Ce que nous faisons en ce moment, prendre notre temps, discuter en humant les fleurs, ce n'est pas du travail. Et pourtant nous faisons quelque chose.

— C'est pourquoi, dit le philosophe d'un ton d'importance, je distingue le loisir de la paresse.

— Mais laisser filer le temps, sans s'inquiéter du monde qui tourne autour de nous, c'est aussi

Loisir
Le loisir se distingue de la paresse. Quand vous paressez, vous ne faites rien de particulier. Le loisir au contraire est une activité choisie qui se pratique dans un temps libre, où vous pouvez agir sans contrainte, sans que l'action vous soit imposée. Par exemple, quand vous jouez avec vos camarades, quand vous décidez de lire un livre ou de pratiquer votre sport préféré, vous parlez de loisirs, alors qu'à l'école les activités sont imposées par les professeurs : l'école n'est pas un loisir…

paresser ! dit le chien. Dans ce temps libre, sans autres contraintes que celles que nous nous donnons à nous-mêmes, nous bâtissons paisiblement des idées. Et c'est cela, pas le travail, qui rend heureux. Regarde tes semblables ! Lorsqu'ils vont travailler, ils ont l'air sinistre !

— Certes, nota le philosophe, mais quand ils restent chez eux à ne rien faire, ils s'ennuient, rien n'advient d'eux. L'homme reclus, enfermé entre ses quatre murs, qui n'occupe ni ses mains ni son esprit, en reste toujours au même point. Il ne progresse pas. »

Le chien croqua un brin d'herbe et regarda le philosophe :
« Ce n'est donc ni le travail, ni la pure paresse qui forment la vraie

vie. Mais c'est lorsque le travail devient loisir que l'homme est heureux. Faire ce qui vous convient, au rythme qui est le vôtre, voilà ce qui ferait de vous des hommes accomplis, réalisant vos capacités. Hier, pendant que je gardais le troupeau du père Monneron avec Youki, le chien de berger, je respirais aussi les bonnes odeurs de la terre, je coursais les lapins... J'étais heureux. Hommes, apprenez à mener une vie digne de celle d'un chien ! »

Chapitre VI

Où l'on s'interroge pour savoir si les animaux peuvent parler

Le lendemain, le philosophe se leva tard. Il était resté au lit plus longtemps que de coutume, écoutant les bruits de la campagne qui venaient du dehors. Très en forme, il était ensuite allé préparer son déjeuner en espérant que Léo se joindrait à lui. Et effectivement, le chien pointa sa truffe sur le coup de 10 heures. Il entra, la queue basse, d'une démarche un peu traînante, l'œil vitreux, et grogna :

« Sache qu'en venant ici ce matin, je te fais une fleur ! Je sais bien que je suis indispensable à la préparation de ton livre, que sans moi tu es perdu, et c'est pourquoi j'accepte de partager ta collation... Je serais volontiers resté à somnoler au soleil. J'ai eu une nuit épouvantable. Nous autres chiens du village, nous avons parlé toute la nuit. Tout un chœur de chiens se répondait à n'en plus finir à travers la campagne. »

Léo s'assit péniblement devant l'âtre et ajouta :

« Voilà qui apporte de l'eau à mon moulin. Peut-être que nous autres bêtes ne sommes pas assez humaines — ou stupides — pour travailler, mais ces discussions nocturnes montrent bien que nous formons une société canine. Nous parlons les uns avec les autres.

— Mais mon pauvre Léo, les chiens ne parlent pas ! corrigea le philosophe. Il est vrai que vivre en société implique de parler ensemble. Mais l'homme est le seul être qui parle.

— Alors nous, les animaux, nous ne parlons pas ? demanda le chien, agacé.

— Pas vraiment, ami Léo... Sauf toi, bien sûr.

— Mais moi je comprends ce que disent mes frères, reprit le chien. Et eux aussi me comprennent. Quand Rex, le grand berger allemand, aboie, je sais qu'il donne l'alerte, que quelqu'un rôde autour de sa maison. Quand Jasper, le ridicule chihuahua de la banquière, jappe follement, je sais qu'il a peur. Et moi en retour, j'aboie pour montrer que je suis là. Ainsi, nous communiquons...

— Vous communiquez, reprit le philosophe, mais vous ne parlez pas.

— Hum ! là tu deviens bien subtil, fit remarquer Léo. »

Le philosophe, qui s'était approché de la fenêtre, invita Léo à le rejoindre. Dehors, Milord, un gros chat noir et blanc, reculait à la vue de Billy l'épagneul, qui lentement marchait sur lui. Le félin avait les poils hérissés et poussait de longs miaulements plaintifs. Son adversaire grondait.

Entendre
Voulait dire dans le passé « comprendre ».

René DESCARTES
(1596-1650) : philosophe français.

« Regarde un peu ces deux-là. Le chien aboie pour montrer sa colère, le chat miaule pour exprimer sa peur. Par leurs cris, les animaux manifestent leurs sentiments. Ils peuvent aussi exprimer leurs besoins : ils demandent à sortir, ils réclament à manger*. Vous autres chiens indiquez une situation présente, au moment où

*Voir texte 4, p. 100-101.

IL NE S'EST TOUTEFOIS JAMAIS TROUVÉ AUCUNE BÊTE SI PARFAITE, QU'ELLE AIT USÉ DE QUELQUE SIGNE, POUR FAIRE ENTENDRE À D'AUTRES ANIMAUX QUELQUE CHOSE QUI N'EÛT POINT DE RAPPORT À SES PASSIONS ; ET IL N'Y A POINT D'HOMME SI IMPARFAIT, QU'IL N'EN USE ; EN SORTE QUE CEUX QUI SONT SOURDS ET MUETS INVENTENT DES SIGNES PARTICULIERS, PAR LESQUELS ILS EXPRIMENT LEURS PENSÉES.

Descartes

vous aboyez. Mais parler, c'est dire des choses absentes, qui ne sont pas sous nos yeux. Ainsi, il m'est possible de parler de ce qui n'est pas encore. Je peux dire : "Demain je mangerai des saucisses... "

— Invite-moi ! » fit le chien en se léchant les babines.

Mais le philosophe continuait :

« Et je peux aussi envisager ce

qui n'est plus, ce qui a disparu. Je me souviens de mon anniversaire, que j'ai fêté il y a plusieurs mois, et je peux le raconter aux autres. En somme, pour parler, il faut pouvoir se situer par rapport au moment où on parle. Il faut être capable de formuler les choses passées et à venir.

— C'est compliqué tout ça, nota le chien.

— À l'heure où nous parlons, reprit le philosophe, je peux me situer dans le temps, je sais quel jour on est, je sais que midi approche. J'évalue le temps qui passe. Je connais mon âge, je reconnais que je vieillis. Et je peux parler de tout cela. Les chiens ne peuvent pas le faire. »

Léo écoutait les propos de son ami avec beaucoup de sérieux.

L'homme est un animal menteur!

« Les hommes peuvent même dire ce qui n'existe pas, continua le philosophe, emporté par son élan. Ainsi, je peux inventer de toute pièce un événement et le raconter : " J'ai vu devant chez moi un chien vert à cinq pattes avec de gros yeux violets qui tricotait un pyjama... "

— Mais, objecta le chien en lui coupant la parole, si l'homme peut dire ce qui n'existe pas, il peut mentir. Nous les chiens, nous exprimons nos sentiments, nous ne trompons personne. Voilà encore un de vos travers ! L'homme est un animal menteur !

— Oui, bon... Il est vrai que nous pouvons mentir. Mais parce que nous pouvons penser à des situations et à des personnages qui n'existent pas, nous pouvons aussi inventer des histoires, écrire des romans, fabriquer un monde imaginaire dans une œuvre d'art », répondit le philosophe*.

*Voir texte 5, p. 101-102.

Le philosophe et le chien s'étaient de nouveau assis sur le canapé, maculé de traces de pattes. Tous deux étaient pensifs.

« Mais quelle horreur ! s'écria l'animal après avoir tourné dans sa tête ce que son ami venait de lui dire. Si vous pensez à l'avenir, si vous imaginez les choses qui peuvent arriver, vous savez donc que vous allez mourir un jour, vous pouvez imaginer toutes sortes de souffrances. Pour être heureux, il vaut mieux vivre dans le présent* !

*Voir texte 6, p. 103.

— Peut-être. Mais vous, les chiens, restez de ce fait très limités. Quand Rex aboie à la vue d'un intrus, il lance un signal. Il

ÉPICURE (341-270 av. J.-C.) : philosophe grec.

C'EST CELUI QUI SE SOUCIE LE MOINS DU LENDEMAIN QUI ACCUEILLE LE LENDEMAIN AVEC LE PLUS DE PLAISIR.

Épicure

empêche l'inconnu de passer, un peu comme le feu rouge fait arrêter les voitures. Moi, quand je vois un inconnu, je lui demande ce qu'il cherche, je lui pose des questions, il me répond, nous entamons une discussion. Parler, ce n'est pas envoyer un signal, c'est lier des idées en construisant des phrases. C'est combiner les mots entre eux.

— Bah ! objecta Léo, les abeilles

exécutent des danses dans le ciel pour indiquer aux autres membres de la ruche la distance et la direction du champ à butiner. Elles font des phrases à leur façon. Les figures de la danse se combinent entre elles comme les mots d'une proposition.

— Mais les abeilles disent toujours la même chose ! Elles ne savent pas appliquer leur danse à d'autres situations. On n'a jamais vu une abeille danser pour demander aux autres de faire la grève ou pour faire une déclaration d'amour. Non seulement les hommes peuvent faire des phrases complexes, mais ils peuvent toujours en inventer de nouvelles. Nous pouvons dire des choses à l'infini. »

Le philosophe s'interrompit

pour réfléchir. Il reprit :

« Voilà le langage humain : dire des choses absentes, former des phrases et pouvoir en fabriquer toujours de nouvelles. Nous pouvons penser à ce qui n'est pas sous nos yeux, nous pouvons inventer, nous projeter dans l'avenir, nous remémorer le passé et fabriquer des mots nouveaux pour exprimer tout cela. »

Le chien était dubitatif ; il fit remarquer :

« S'il n'y a que les hommes qui peuvent dire une infinité de choses, toujours nouvelles, cela veut dire que nous n'avons pas de pensées comme vous en avez... Pourtant, nous aussi nous combinons nos idées : une fois, Billy s'est appuyé contre une échelle, et elle lui est tombée dessus ; depuis, il a peur des échelles et il les contourne soigneusement...

— Bien sûr, Léo : Billy a des images dans sa bonne tête de chien. Il associe l'échelle à la douleur. Pourtant, il n'a pas compris que c'est son poids qui fait basculer l'objet. Ainsi, si Billy s'appuie contre un tas de bois mal rangé, il ne va pas prévoir qu'il risque de lui tomber dessus. Il ne fera pas le lien avec l'échelle. Nous autres hommes, nous pouvons calculer et prévoir. À partir de notre expérience nous fabriquons des théories. »

Léo écoutait attentivement les propos du philosophe, qui continuait d'un ton docte : « Vois-tu, Léo, seul l'homme est un être qui parle, qui pense et est doué de raison. »

Expérience
Ce sont toutes les connaissances que vous pouvez acquérir en observant ce qui vous entoure. Regardez à Théorie pour un autre type de connaissance.

Théorie
Ce sont toutes les idées que l'on peut rassembler pour donner une explication des faits connus par l'observation. Regardez à Expérience.

Raison
Grâce à la raison, les hommes peuvent distinguer le vrai du faux, le bon du mauvais, et tirer les conséquences de ce qu'ils savent.

Chapitre VII

Où le chien n'est pas sûr que le philosophe soit un animal rationnel

Léo se mit à se rouler par terre en poussant des aboiements hilares.

« Mais qu'as-tu donc ? » demanda le philosophe, vexé.

Le chien leva le museau :

« D'accord, vous pensez de façon plus compliquée que nous. Mais toi, un animal rationnel ? ! Tu es bien d'accord qu'un animal rationnel réfléchit pour savoir ce qui est bon et utile pour lui ?

— Tout à fait, acquiesça le philosophe.

— Examinons cela d'un peu plus près », dit le chien en se rapprochant.

Rationnel
L'homme rationnel est celui qui possède la raison, qui peut agir en la suivant, en s'y conformant.

« Dis-moi, philosophe, ne crois-tu pas que tu as beaucoup trop de ventre ?

— Il est vrai, répondit le philosophe en baissant la tête.

— Es-tu sûr que cela soit bon pour la santé ? demanda le chien.

— Je sais bien que la surcharge pondérale peut entraîner de graves maladies.

— Et puisque tu sais cela, tu manges moins, évidemment, dit le chien suavement.

— Pas vraiment, avoua le philosophe en rentrant le ventre.

— Mais alors, tu dois faire du sport en plein air pour maigrir et avoir un corps sain ?

— Pas exactement. Je fais de temps en temps du vélo d'appartement, dit modestement le philosophe.

— Résumons. Tu sais que tu devrais maigrir mais tu ne fais rien

pour cela. Tu agis donc contre la raison. Tout homme sensé veille à rester en bonne santé ! Prends mon exemple : je cours pour me distraire jusqu'à la ferme des Rondots. Là, Odile, la fermière, me donne une gamelle de soupe ou un plat de pâtes. D'ailleurs, compare ta ligne avec la mienne... Être raisonnable, mon pauvre philosophe, c'est savoir combiner harmonieusement toutes les exigences de la vie : manger sainement, être en forme, avoir l'esprit vif, et tout cela pour être heureux ! »

Léo s'étira, bâilla et s'endormit près de la cheminée.

Chapitre VIII

Où l'homme et l'animal vantent les mérites respectifs de la culture et de la nature

Léo ouvrit un œil. Puis deux. Tout étonné, il leva la tête, dressa les oreilles et regarda autour de lui. Il était chez le philosophe, enroulé dans une couverture. Le soleil était déjà haut dans le ciel et baignait les étagères couvertes de livres. S'il avait dormi dehors, comme à l'accoutumée, la rosée l'aurait réveillé depuis bien longtemps et il serait déjà en quête de sa pitance. Le chien aperçut un bol de croquettes. Après avoir tout avalé, il s'assit et songea à la discussion de la veille. Puis il se leva prestement et dit :

« On va bien voir, je peux toujours essayer ! »

Il ouvrit le réfrigérateur d'un coup de museau habile et s'empara d'un os de veau qui lui était destiné, ainsi que d'un poireau – détestable nourriture du philosophe ! Il sortit, se dirigea vers Billy, le chien de la ferme voisine, et lui dit :

« Mon petit Billy, si je peux parler et philosopher, c'est qu'un mauvais démon m'a condamné à ressembler aux deux-pattes. Mais toi qui es resté un vrai chien, peut-être peux-tu apprendre à parler, sans pour autant trahir la gent canine ! »

Il posa l'os et le poireau devant son ami, mit la patte sur l'os et dit d'une voix forte : « Os ». Billy remua la queue, tout content. Léo posa la patte sur le poireau et énonça doctement : « Poireau ». Billy le regarda avec de grands yeux. Léo refit le manège : « Os, poireau, os, poireau... », posant successivement la patte sur chacun des objets. Mais Billy ne comprenait pas, il se mit à gambader autour de Léo et, quand celui-ci lâcha l'os, il s'élança, s'en empara et s'enfuit à toute vitesse dans sa niche.

Le philosophe était sorti et contemplait la scène.

« Tu voulais lui apprendre à parler ? demanda-t-il.

— Oui, dit Léo, mais il n'a pas compris.

— Eh oui, mon vieux Léo, dit le philosophe en lui tapotant la tête, les chiens ne peuvent pas apprendre à parler. Même les singes, à qui on peut enseigner certains éléments de la langue des signes, n'apprennent pas réellement à parler.

— Mais si ces singes peuvent retenir ces signes et les réutiliser pour communiquer avec les hommes, pourquoi dis-tu qu'ils ne parlent pas ? demanda le chien.

— Lorsque les hommes laissent les singes entre eux, et que les singes adultes se retrouvent seuls

Langue des signes
C'est une langue où les mots parlés sont remplacés par des gestes expressifs. Ainsi, les enfants qui n'entendent pas peuvent apprendre à s'exprimer par des signes faits avec les mains, avec des mouvements des lèvres ou des expressions du visage.

Communiquer
Transmettre, faire connaître quelque chose aux autres.

avec leurs petits, ils ne parviennent pas à leur transmettre tous les signes qu'ils ont appris. Ils en oublient certains et le langage se perd. Les animaux peuvent apprendre à l'école des hommes, mais ils ne peuvent pas enseigner à leur tour ce qu'on leur a appris. Alors que nous autres hommes, nous pouvons transmettre à nos enfants tout ce que nous avons appris. Cela, c'est le propre de l'homme, c'est ce qu'on appelle la culture. »

Le chien et l'homme firent quelques pas en direction du jardin, déjà noyé de chaleur. Pour être plus à l'aise, le philosophe retroussa ses manches. Il sortit un mouchoir propre et bien plié de sa poche et le noua sur sa tête par les quatre coins pour se protéger du soleil. Il marchait lentement à côté du chien au pelage flamboyant. Incorrigible, le philosophe se remit à faire la leçon :

« C'est pourquoi les petits enfants doivent tous aller à l'école. En faisant leurs devoirs, en écoutant les professeurs qui ont des connaissances, ils acquièrent de nouveaux savoirs, apprennent à se conduire, à réfléchir. Et ils se préparent à pouvoir transmettre à leur tour toutes ces belles connaissances...

— Quelle chance j'ai d'être chien ! s'exclama Léo. Je n'ai pas à me plier à vos obligations. Je ne suis pas tenu d'aller à l'école pour apprendre. Comme je plains les petits enfants qui doivent se donner du mal pour faire entrer dans leur tête toutes les connaissances des hommes ! Moi, je sens tout seul, naturellement, ce qui est bon pour moi, et ce que je dois faire pour l'obtenir. Je sais nager dès la naissance, je sais très vite trouver les pistes dans la forêt, gratter la terre pour dénicher la nourriture nécessaire à ma subsistance. Je n'ai pas à l'apprendre* !

— Oui, Léo, répliqua le philosophe. Mais tu ne te sers que de tes capacités naturelles. Tu as de grandes pattes donc tu cours vite. Nous autres hommes, nous ne pouvons pas nous contenter des capacités que nous avons en naissant. Ainsi, l'homme a inventé la charrue pour cultiver la terre. Il a appris à faire du feu pour donner plus de saveur aux aliments et se chauffer. Il a construit des bateaux

*Voir texte 7, p. 103-104.

à voile pour traverser les mers et maîtriser l'air et l'eau. Nous sommes capables de transformer ce qui nous entoure. Nous nous servons de la nature pour atteindre des buts qui ne sont pas naturels.

— Et pourquoi faire tout cela ? demanda Léo.

— Grâce à ces techniques, nous cessons d'être dépendants. Le feu nous protège du froid ; les vaccins nous épargnent les maladies. Nous savons nous libérer des contraintes de la nature. Petit à petit, nous devenons libres. »

Claude LÉVI-STRAUSS (né en 1908) : ethnologue et philosophe français.

Ethnologue
Personne qui exerce l'ethnologie, c'est-à-dire qui étudie les cultures différentes de la nôtre ; il tente de décrire et de trouver la signification des habitudes de vie, des mythes, des croyances propres à ces cultures.

LA NATURE, C'EST TOUT CE QUI EST EN NOUS PAR HÉRÉDITÉ BIOLOGIQUE ; LA CULTURE, C'EST AU CONTRAIRE TOUT CE QUE NOUS TENONS DE LA TRADITION EXTERNE... EN UN MOT TOUTES LES HABITUDES OU APTITUDES APPRISES PAR L'HOMME EN TANT QUE MEMBRE D'UNE SOCIETÉ.

Lévi-Strauss

Chapitre IX

Où Léo nie que l'homme soit libre

Nature et culture
La nature, c'est la totalité de l'univers qui entoure les hommes.
Mais quand on distingue nature et culture, la nature désigne les qualités qui sont fixées à la naissance : la couleur des yeux, par exemple. La culture, c'est au contraire ce qu'on acquiert et ce qu'on apprend au contact des hommes, ce qui permet de s'éduquer et de se transformer.

Léo s'arrêta net, il était stupéfait : « Libres ? dit-il. Mais la culture dont tu me parles, c'est justement un système de règles et d'obligations ! Elle vous contraint à faire tout le contraire de ce dont vous avez envie. Vous autres hommes ne vous libérez de la nature que pour devenir esclaves des règles sociales ! Je t'ai vu hier traverser le village. Tu saluais tout le monde, même les personnes que tu ne peux pas supporter. »

Contrefaisant la voix onctueuse de son ami, le chien salua de la patte en poursuivant :

« Bonjour, chère madame, comment allez-vous ? J'espère que votre bronchite a disparu, que vous vous portez mieux. »

Regardant le philosophe droit dans les yeux, Léo ajouta :

« Hypocrite ! Ta voisine est un véritable poison ! Au moins, tant qu'elle était malade, elle ne faisait pas hurler son poste de télévision. Allons, dis la vérité : souhaitais-tu vraiment la revoir si vite sur pied ?

— C'est une façon de parler, c'est pour être courtois, répondit le philosophe.

— Moi, je n'ai pas à être poli avec les chiens que je n'aime pas ! Je grogne sur qui m'ennuie, je mords qui me provoque. Je suis bien plus libre que vous autres hommes ! affirma le chien.

— Mais les règles sont nécessaires pour vivre ensemble, grand Léo ! Et elles ne t'empêchent pas de choisir ensuite avec qui tu veux être en relation. La politesse n'est qu'un moyen d'établir une bonne distance entre les hommes. Si je n'apprécie guère ma voisine, je ne dois pas lui mordre le mollet pour autant. Je la salue, certes, mais il me reste à choisir si je veux l'inviter chez moi, passer du temps et entamer de vraies discussions avec elle. Les hommes sont libres parce qu'ils peuvent faire des choix à l'intérieur des règles qu'ils s'imposent. Les chiens, eux, ne sont pas libres, ils suivent la nature, ils ne choisissent rien du tout. »

À la vue de l'air moqueur du chien, le philosophe sentit qu'il était allé un peu vite en besogne. Tous deux se regardèrent et interrompirent leur promenade. L'homme s'assit à côté de son ami, dans l'herbe folle du jardin, et rajusta son couvre-chef de fortune. Léo lui donna un petit coup de museau moqueur :

« Ainsi, monsieur le philosophe est libre parce qu'il choisit... Dis-moi : quelle marque de croquettes m'as-tu achetée hier au supermarché ?

— Des croquettes Bellebête, répondit l'homme qui commençait à voir où le chien allait en venir.

— Quelle était la marque d'aliment pour chiens vantée par la publicité à la télévision avant-hier ? Comment s'appellent donc les seules croquettes qui redonnent un merveilleux éclat au pelage de votre fidèle compagnon ? ! demanda le chien.

— Les croquettes Bellebête, soupira le philosophe.

— Monsieur est libre... Monsieur

choisit… ce que la publicité lui dit de choisir ! continua l'impitoyable Léo, tout frétillant.

— Mais si j'avais pris le temps de réfléchir, continua le philosophe, je me serais rendu compte que j'étais influencé par la publicité !

— Eh oui : c'est ton métier de réfléchir, paraît-il, et voilà pourtant le résultat. C'est toujours après coup que tu y penses ! Et tu me vantes la liberté humaine et ta capacité de choisir ! La culture dont tu me parles, c'est la somme de tous les désirs inutiles dont les hommes s'encombrent et qu'ils ne choisissent pas. Regarde-toi ! Tu t'achètes des costumes en cachemire, des cravates en soie, des velours côtelés d'Angleterre, des chaussures italiennes, des montres suisses ! Tu n'en as pas besoin. Tu fais tout cela parce que les autres te regardent ! Moi, ma fourrure me suffit : Je plais à la chienne Yellow comme je suis, même si mon poil est par endroits pelé. »

Le philosophe écoutait Léo, tête baissée.

« Il est midi, acceptes-tu malgré tout de partager le repas d'un pauvre homme encombré de désirs inutiles ? demanda-t-il alors.

— Volontiers, mais nous allons procéder à ma façon », répondit Léo.

Tous deux regagnèrent le logis. Léo ouvrit le réfrigérateur et fit glisser toutes les provisions sur une couverture. Puis il prit le tissu dans sa gueule et le tira dehors, sous le poirier. Tout était en

vrac sur le sol : les fruits, le saucisson, la laitue, le beurre, le fromage...

« Pas besoin de plats pour disposer soigneusement les aliments, pas besoin d'assiette pour que chacun délimite la pitance qui lui revient, pas besoin de couteau, nous avons nos dents ! Allons, en avant ! » clama le chien.

Le philosophe, scandalisé, regardait le chien mettre ses pattes dans le beurre, dévorer la charcuterie à belles dents, déchiqueter une entrecôte. Les réserves disparaissaient peu à peu et Léo se léchait les babines, faisait des « Groumph, ouaff, succulent ! »

« Et pourquoi pas ? » soupira le philosophe qui n'était pas ennemi des expériences nouvelles.

Il enleva ses lunettes, les rangea soigneusement dans leur étui. Puis il saisit une saucisse, un morceau de camembert, un cœur de laitue, un cornichon, une sardine et allongé dans l'herbe, fit fête à ce banquet improvisé.

Chapitre X

Où les deux amis, contents de leur dialogue, conviennent de se retrouver

L'heure de la sieste vint. Les deux amis dormirent paisiblement à l'ombre du poirier. Lorsque l'homme ouvrit les yeux, il réveilla le chien. Il chaussa ses lunettes et s'adressant à son compagnon.

« Vois-tu, Léo, je ne peux pas te suivre jusqu'au bout, car l'homme ne peut vivre totalement selon la nature. J'ai pu partager ce repas avec toi, manger par terre, sans couvert ni bonnes manières, mais je ne peux tous les jours me passer d'une assiette, manger froid. Je peux dormir un soir à la belle étoile, mais je préfère mon lit et une pièce bien chauffée en hiver. Je ne veux pas revenir à la nature.

— Ouaf ! dit Léo en bâillant. Il vous en faut des choses pour être hommes ! Nous les chiens, nous naissons chiens ; vous, vous ne naissez même pas tout à fait hommes. Regarde le bébé, il ne sait ni marcher, ni nager, ni parler, ni travailler. Vous êtes si faibles et si démunis que vous devez devenir hommes au prix de mille efforts.

— Tu ne voudrais pas devenir homme, ami Léo ?

— Surtout pas ! pour aller récolter des mauvaises notes à l'école auprès de gens qui voudraient me faire aboyer en anglais ! Je suis déjà bien puni de savoir parler et de devoir écouter un grand philosophe ! Et toi, tu ne voudrais pas devenir chien ?

— Eh non ! je préfère être homme, rester l'animal le plus faible, celui qui doit être habile pour se munir de tout ce dont la nature ne l'a pas doté.

— Nous sommes donc tous les deux contents de notre rôle, reprit Léo. Toi d'être homme, moi d'être chien. »

Le soleil se couchait. C'était vraiment le début de la belle saison. Les mouches bourdonnaient et, malgré la nuit qui venait, il ne faisait pas froid. Léo se mit à humer l'air, à regarder tout autour de lui.

« Vois-tu, philosophe, le printemps arrive. La belle Yellow m'attend, elle va quitter l'auberge pour suivre les troupeaux qui vont monter dans la montagne. Il est temps que je m'en aille !

— Tu reviendras ? demanda le philosophe, qui sentait son cœur se serrer.

— Oui, bien sûr ! Comment ferais-tu sans moi pour terminer tes gros livres ? On se reverra à l'automne, et peut-être viendrai-je avec des petits Léo et des petites Yellow ! »

Et le philosophe regarda tout ému le grand chien roux courir à travers la campagne.

Textes

Léo, pour ne pas s'en laisser conter par le philosophe, a mis le museau dans les livres de philosophie. Vous pouvez, à votre tour, partir sur ses traces.

1.
Aristote

« Les raisons pour lesquelles l'homme est un animal politique, plus que toute abeille ou que tout animal vivant en troupeau, sont évidentes... Or celui qui est incapable d'être membre d'une communauté, ou qui n'en a pas besoin parce qu'il se suffit à lui-même, n'appartient pas à la communauté politique, si bien que c'est soit une bête, soit un dieu. »

Hobbes

« Que [l'homme] s'observe donc lui-même, quand, pour partir en voyage, il prend des armes et cherche à être bien accompagné ; quand, pour aller se coucher, il ferme ses portes ; quand, même

Thomas HOBBES (1588-1679) : philosophe anglais.

dans sa maison, il boucle ses coffres. Et cela bien qu'il sache qu'il y a des lois et des fonctionnaires publics armés pour punir les torts qu'on pourrait lui faire. Quelle opinion se fait-il de ses semblables, quand il voyage armé, de ses concitoyens quand il ferme ses portes, de ses enfants et de ses serviteurs quand il boucle ses coffres ? »

Emmanuel KANT (1724-1804) : philosophe allemand.

Kant

« L'homme a un penchant à entrer en société, car dans un tel état, il se sent plus qu'un homme, parce qu'il sent le développement de ses capacités naturelles. Mais il a aussi une grande disposition à se séparer (à s'isoler), parce qu'il trouve aussi en lui le caractère asocial de vouloir tout diriger dans son sens... »

Aristote nous dit que l'homme est l'animal fait pour vivre avec les autres, en société.

Hobbes nous dit au contraire que les hommes commencent par vivre isolés, par se méfier les uns des autres, et qu'ils se perçoivent mutuellement comme des menaces possibles. Kant nous dit que l'homme combine deux caractères : il s'oppose aux autres, parce qu'il veut agir à sa guise, mais ne peut vivre qu'en société parce que c'est en société, avec les autres, qu'il développe ses capacités.

À votre avis, notre philosophe à nous est-il plus proche d'Aristote ou de Hobbes ? Et Léo, que pense-t-il des hommes sur ce point ? Les hommes sont-ils faits pour vivre ensemble ? Vous, qu'en pensez-vous ?

2. Platon/Protagoras

PLATON (vers 427-348/347 av. J.-C.) : philosophe grec. Dans son dialogue intitulé Protagoras, il met en scène un autre philosophe grec dont il rapporte les propos dans le texte cité ici.

PROTAGORAS (485-411 av. J.-C.) : philosophe grec. Nous ne possédons de lui que des fragments cités par d'autres philosophes, et nous le connaissons principalement par le dialogue que Platon lui a consacré.

Le philosophe grec Platon nous rapporte le mythe raconté par un autre philosophe, Protagoras : les dieux ont chargé Prométhée et Épiméthée de distribuer à toutes les espèces animales les qualités nécessaires à leur conservation. Épiméthée s'est mis au travail, mais il a oublié l'homme...

« Mais Épiméthée, qui n'était pas tout à fait sage, ne s'aperçut pas qu'il avait dépensé toutes les capacités pour les bêtes brutes. Il lui restait, démunie, l'espèce humaine, et il était dans l'embarras, sans savoir quoi faire. Tandis qu'il était dans l'embarras, Prométhée vient contrôler le partage. Il voit tous les autres animaux harmonieusement dotés de toutes les capacités, et l'homme nu, sans sabots, sans couverture, sans arme. Et c'était le jour fixé par le destin dans lequel l'homme devait sortir de la terre et venir à la lumière. Devant l'embarras, Prométhée, cherchant à trouver un moyen de conservation pour l'homme, vole l'habileté technique d'Héphaïstos et d'Athéna avec le feu – car sans le feu, il était impossible que quiconque acquît cette habileté ou qu'elle fût utile. Et ainsi il en fait présent à l'homme. C'est par ce moyen que l'homme reçut l'habileté nécessaire à la vie... »

Habile, habileté
Être habile, c'est être adroit, savoir se servir de capacités manuelles et de connaissances pour réaliser des productions.

L'homme possède-t-il d'après ce texte beaucoup de capacités naturelles ? Comment devient-il capable d'assurer sa conservation ?

Héphaïstos est le dieu des

forgerons et des ouvriers qui travaillent les métaux. Pourquoi la maîtrise du feu est-elle un cadeau précieux fait à l'homme par Prométhée ? Que peut faire l'homme grâce au feu ?

Athéna est la déesse de l'intelligence et aussi, d'après Protagoras, la déesse de l'habileté technique. Peut-on à votre avis séparer intelligence et savoir-faire ? Dans le texte 3, le philosophe Hegel nous donne un élément de réponse...

3. Hegel

« Le maladroit parvient toujours à un résultat différent de ce qu'il attendait, car il n'est pas maître de sa propre activité. L'artisan expérimenté peut au contraire être appelé habile, lorsqu'il produit la chose telle qu'elle doit être, lorsqu'il ne rencontre pas d'obstacle à la réalisation de son but dans son activité... »

Peut-être avez-vous essayé de construire quelque chose (une maquette, un modèle réduit, un montage en technologie...). Y êtes-vous parvenu ? Aviez-vous réfléchi à votre construction, aviez-vous fait un dessin au préalable ? Peut-on se lancer dans la construction d'un seul coup sans y réfléchir avant ? On oppose souvent les travailleurs intellectuels (les chercheurs, les avocats...) et les travailleurs manuels. D'après Hegel, cette opposition est-elle justifiée ?

L'homme habile est celui qui

montre ses capacités dans son travail parce qu'il réalise sa tâche exactement comme il l'avait prévu. Est-il toujours facile d'appliquer son savoir dans la pratique ? Par exemple, lorsque vous apprenez une leçon, êtes-vous toujours capable de l'appliquer le jour du contrôle ? Pourquoi ?

4. Descartes

« Il ne s'est toutefois jamais trouvé aucune bête si parfaite, qu'elle ait usé de quelque signe, pour faire entendre à d'autres animaux quelque chose qui n'eût point de rapport à ses passions ; et il n'y a point d'homme si imparfait, qu'il n'en use ; en sorte que ceux qui sont sourds et muets inventent des signes particuliers, par lesquels ils expriment leurs pensées. »

Selon Descartes, seul l'homme parle car il est le seul à pouvoir exprimer ses pensées et pas seulement ses instincts et les besoins de son corps. Êtes-vous d'accord ? Si vous avez un animal, vous avez peut-être parfois l'impression de le comprendre. Est-ce parce qu'il existe une sorte de langage des bêtes ? Peut-on dire que les animaux parlent à leur façon ?

5. Hannah Arendt

Hannah ARENDT (1906-1975) : philosophe née en Allemagne, elle doit s'exiler en France puis aux États-Unis pour échapper à la persécution des Juifs par les nazis.

« Notre capacité à mentir, mais pas nécessairement notre capacité à pouvoir dire la vérité fait partie des quelques données manifestes et démontrables qui confirment l'existence de la liberté humaine. Que nous puissions changer les circonstances dans lesquelles nous vivons est dû au fait que nous sommes relativement libres par rapport à elles et c'est cette liberté dont on fait un mauvais usage et qu'on dénature par le mensonge. »

Tout le monde nous dit qu'il est mal de mentir. Mais est-il si mal de pouvoir mentir ? Pourrions-nous inventer des choses nouvelles, exercer notre imagination si nous ne pouvions pas dire ce qui n'existe pas ? Croyez-vous qu'il ne faille jamais mentir ? Y a-t-il des situations dans lesquelles il est bon de mentir ?

6. Épicure

« C'est celui qui se soucie le moins du lendemain qui accueille le lendemain avec le plus de plaisir. »

Avez-vous toujours envie de penser à ce qui peut arriver demain ? Pourquoi ? Pensez-vous qu'il est meilleur de vivre dans le présent, sans se soucier de l'avenir ? Pourquoi Léo veut-il vivre dans le présent sans se soucier du lendemain ?

7. Lévi-Strauss

« La nature, c'est tout ce qui est en nous par hérédité biologique ; la culture, c'est au contraire tout ce que nous tenons de la tradition externe… enfin la culture ou civilisation, c'est l'ensemble des coutumes, des croyances, des institutions telles que l'art, le droit, la religion, les techniques de la vie matérielle, en un mot toutes les habitudes ou aptitudes apprises par l'homme en tant que membre d'une société. »

Pouvez-vous trouver d'autres exemples d'habitudes ou d'aptitudes acquises par l'homme qui feraient partie de la culture ? À votre avis, peut-il y avoir des hommes sans culture ?

Index

Cet index regroupe les noms propres et les mots dont le sens est expliqué dans les bulles de couleur placées en marge du texte. Les numéros renvoient aux pages.

ISBN : 207057184 X
Dépôt légal : février 2006
Numéro d'édition : 137228
Loi n° 49956 du 16 juillet 1949
sur les publications destinées à la jeunesse
Imprimé en Belgique